PAUL MARTIN
ET COMPAGNIES
d'Alain Deneault
est le sept cent soixante-quatrième ouvrage
publié chez VLB éditeur
et le trente-cinquième de la collection
« Partis pris actuels »
dirigée par Pierre Graveline.

D1235404

VLB éditeur bénéficie du soutien de la Société de développement des entreprises culturelles du Québec (SODEC) pour son programme d'édition.

Gouvernement du Québec – Programme de crédit d'impôt pour l'édition de livres – Gestion SODEC.

Nous reconnaissons l'aide financière du gouvernement du Canada par l'entremise du Programme d'aide au développement de l'industrie de l'édition (PADIÉ) pour nos activités d'édition.

Nous remercions le Conseil des Arts du Canada de l'aide accordée à notre programme de publication.

# PAUL MARTIN
# ET COMPAGNIES

Alain Deneault

# Paul Martin
# et compagnies

Soixante thèses sur l'*alégalité* des paradis fiscaux

**vlb éditeur**

VLB ÉDITEUR
Une division du groupe Ville-Marie Littérature
1010, rue de La Gauchetière Est
Montréal (Québec) H2L 2N5
Tél. : (514) 523-1182
Téléc. : (514) 282-7530
Courriel : vml@sogides.com

Maquette de la couverture : Nancy Desrosiers
En couverture : CP images/Ryan Remiorz

**Catalogage avant publication de la Bibliothèque nationale du Québec**

Deneault, Alain, 1970-
    Paul Martin et compagnies
    (Collection Partis pris actuels)
    Comprend des réf. bibliogr.
    ISBN 2-89005-874-3
    1. Martin, Paul, 1938-    . 2. Infractions économiques – Canada. 3. Fraude fiscale –
Canada. 4. Conflits d'intérêts – Canada. I. Titre. II. Collection.

FC636.M37D46     2004            971.07'2'092            C2004-940184-X


DISTRIBUTEURS EXCLUSIFS :

* Pour le Québec, le Canada
  et les États-Unis :
  LES MESSAGERIES ADP*
  955, rue Amherst
  Montréal (Québec) H2L 3K4
  Tél. : (514) 523-1182
  Téléc. : (514) 939-0406
  *Filiale de Sogides ltée

* Pour la France :
  Librairie du Québec / DNM
  30, rue Gay-Lussac
  75005 Paris
  Tél. : 01 43 54 49 02
  Téléc. : 01 43 54 39 15
  Courriel : liquebec@noos.fr
  Site Internet : www.quebec.libriszone.com

* Pour la Suisse :
  TRANSAT SA
  C.P. 3625, 1211 Genève 3
  Tél. : 022 342 77 40
  Téléc. : 022 343 46 46
  Courriel : transat-diff@slatkine.com


Pour en savoir davantage sur nos publications,
visitez notre site : **www.edvlb.com**
Autres sites à visiter : www.edhomme.com • www.edtypo.com
• www.edjour.com • www.edhexagone.com • www.edutilis.com


Dépôt légal : 1er trimestre 2004
Bibliothèque nationale du Québec
Bibliothèque nationale du Canada

Vous croyez voyager dans un beau pays et, en vérité et en réalité, vous voyagez dans une maison de commerce dirigée par des pervers.

THOMAS BERNHARD

## § 2

Paul Martin a été ministre des Finances de 1993 à 2002, il a siégé au Fonds monétaire international (FMI) pendant presque toute cette période, tout en présidant un temps le G20, l'instance internationale regroupant les 20 pays les plus industrialisés de la planète, en banlieue du G8. Il est premier ministre du Canada, coprésident de la Commission des Nations unies pour le secteur privé et le développement et ex-actionnaire unique de la Canada Steamship Lines (CSL), cédée il y a peu à ses fils. La famille Martin détient des biens immobiliers au Canada et aux États-Unis, une compagnie d'autocars (l'ex-Voyageur Colonial), une ferme au Québec, quelque 10 sociétés d'investissement, des cinémas à Vancouver et des actions dans la firme d'exploitation pétrolière Cordex Petroleum[1]. S'il arrivait à assumer tous ces titres sans se placer en conflit d'intérêts, M. Martin ferait preuve d'une schizophrénie à frontières multiples dont l'importance pathologique le rendrait inapte à occuper une seule des fonctions auxquelles il prétend.

# § 4

Il nous a longtemps été dit que Paul Martin avait confié la gestion de la CSL à une société fiduciaire « sans droit de regard » (*blind trust*) : à l'insu de son unique actionnaire, celle-ci aurait tenu à sa guise entre ses mains les destinées de l'entreprise, dans une réalité parallèle imaginée par le droit. Seuls les apôtres de la loi penseront que M. Martin ne reçut donc jamais d'émissaires veillant au bon fonctionnement de sa boîte, qu'il ne disposa d'aucun numéro de téléphone lui permettant d'être informé de son évolution et qu'enfin il ne lui vint jamais l'occasion de juger de tout cela, en marge des conditions dites « éthiques » définies légalement. Mais ces apôtres existent d'abord dans l'esprit de journalistes influents qui croient aux mensonges qu'ils citent parce qu'ils les lisent dans les journaux. Qu'on surprenne l'intéressé avec l'un des émissaires de la CSL n'aura d'étonnant que l'étonnement qu'on affecte en milieux médiatiques[3]. Feignant ainsi le scandale avec un sens usé du drame, on cherche à en gommer le caractère d'évidence, et ses conséquences, dans une agitation sans suite.

# § 5

Nombreux sont ceux, cependant, qui restent capables d'enchaînements logiques au-delà de la médiatisation d'une heure qui fait défiler les événements comme les nuages de la météo. Ceux-là trouvent patent que le ministre Martin n'ait rien eu à redire publiquement lorsque son entreprise a choisi de confier, en septembre 1999, la gestion de toute sa flotte à une holding située dans un paradis fiscal. Ils apprécient la saignée que cette décision entraîne : un manque à gagner pour chaque bateau de 700 000 $ par année dans les finances publiques dont l'ex-ministre avait la garde. Ils interprètent avec aussi peu de réserve la discrétion toute comparable dont fait preuve le ministre-homme d'affaires lorsqu'on apprend que son entreprise livre du charbon à une centrale électrique appartenant au dictateur indonésien Suharto. Ils comprennent les soupçons que s'attire celui qui aurait voulu apporter quelques retouches à un rapport gouvernemental sur les irrégularités de gestion de la caisse de retraite de la Voyageur Colonial[4]. Ils reconnaissent enfin le méfait légalisé commis par celui qui fait modifier, à son avantage, les mesures d'imposition des compagnies de transport maritime[5]. Surtout, ces gens se le rappellent, eux, quand vient le temps délirant de présenter en termes mécaniquement respectables le premier ministre au sourire de plastique qui apparaissait, hier encore, comme un filou de la finance. Seuls les médias croient avoir épuisé un dossier qu'ils n'ont osé ouvrir.

# § 7

La CSL livre du charbon à une centrale électrique appartenant au dictateur indonésien Suharto[7]. Les domaines forestier et énergétique ont leur Suharto de l'Indonésie[8] comme les compagnies pétrolières ont leur Bush des États-Unis d'Amérique[9], comme le nucléaire et l'industrie pétrolière ont leur Chirac de la France[10], comme les médias ont leur Berlusconi de l'Italie[11] et comme les transports maritimes ont leur Martin du Canada. C'est cette Internationale-là que désigne le terme *globalisation*. La « mondialisation » imposée au public comme une évidence recouvre ces connivences inavouées entre gens qui se négocient le partage du monde. L'appareil d'État compte parmi leurs propriétés, du moins n'en usent-ils qu'en fonction de leurs intérêts. C'est ainsi que la topologie de la corruption va se mondialisant. « Les scandales politico-financiers qui ont défrayé la chronique ces dernières années dans certains pays de l'hémisphère nord montrent que ces derniers ne sont pas mieux lotis que les pays en voie de développement. […] Le dirigeant politique se comporte en chef patrimonial, c'est-à-dire en véritable propriétaire de son royaume. C'est pourquoi le pouvoir et la richesse tendent à se confondre et la possession du pouvoir politique ouvre la voie à l'accumulation économique. […] Le phénomène n'est pas nouveau en soi, mais ce qui est nouveau, c'est qu'il se développe dans un contexte à la fois régionalisé et mondialisé. La mondialisation du crime organisé et celle des technologies de communication facilitent le développement de cette criminalité[12]. » Cette thèse fait sourire les personnalités politiques mille fois photographiées à l'occasion de sommets internationaux qui l'illustrent.

## § 8

Les paradis fiscaux constituent la négation des principes démocratiques et qui ne s'y oppose pas est antidémocrate. Destinées aux détenteurs de capitaux voulant fuir les contraintes du « contrat social » de leur communauté, ces places prévoient des impôts dérisoires ou nuls, neutralisent toute forme de surveillance juridique et, surtout, voilent totalement leurs activités[13]. Aucun travail substantiel n'y a lieu sinon celui du détournement de fonds inimaginables. Avoir pignon sur rue dans les paradis fiscaux signifie qu'on avalise la criminalité financière. Y être, c'est se désigner soi-même comme partie prenante de l'autre économie : celle de l'immigration clandestine, des réseaux de la grande prostitution, des rackets mafieux, du trafic d'armes, de drogues, d'espèces animales protégées ou de matières dangereuses, de la piraterie maritime, de l'évasion fiscale, de la fraude bancaire, de la contrefaçon, de la vente et revente de dettes pétrolières et autres créances[14]…

## § 9

En surmontant le cynisme satisfait de son auteur, on comprendra, à lire le *Guide des paradis fiscaux* d'Édouard Chambost, que chaque zone de non-droit fiscal, que constituent ces petits États ad hoc, agit comme le négatif de structures étatiques en vigueur ailleurs. « La principauté de Monaco est un véritable paradis fiscal pour les personnes physiques, puisqu'il n'existe aucun impôt sur le revenu. [...] À l'opposé, l'île de Jersey est l'un des meilleurs paradis fiscaux pour les sociétés de commerce exemptées qui y sont constituées, puisque, pour un abonnement de 500 livres par an, elles n'ont aucun bénéfice à déclarer et ne sont même pas tenues de justifier d'une comptabilité[15]. » Ainsi de suite... L'ensemble des paradis fiscaux compose un système de tricherie à la carte. Mais l'argent et les intérêts ne se confondent pas moins en ces salons bien occidentaux d'où on les crée et les contrôle, surtout lorsqu'on s'inscrit dans plusieurs paradis fiscaux à la fois, surtout lorsqu'on œuvre dans un secteur d'appoint comme le transport maritime. On n'y inscrit pas ses affaires pour charger des bonbons. Se complètent des intérêts qui requièrent une grande discrétion. Alliances et combines diverses sont vraisemblablement de mise. Et la multiplication des filiales puis la création de réseaux internes permettent de contrecarrer toute volonté d'enquête.

« Les créanciers ne peuvent poursuivre que les capitaux détenus par une composante individuelle.
Ceci est particulièrement avantageux pour les compagnies de transport maritime[16]. » On ne peut concevoir le nombre potentiel de scandales d'ordre humanitaire, politique et écologique qu'entourent les
nuées paradisiaques des opérations maritimes. Il faut
donc toute l'ingénuité de l'éditorialiste d'un quotidien montréalais « indépendant » pour se rassurer,
pour s'en remettre à la « probité[17] » de celui qui,
dans ce contexte, y mène toutes ses affaires dans
l'*alégalité*. L'alégalité en vigueur n'est même plus
l'illégalité, mais le point à partir duquel le pervers
pourra librement substituer sa loi à la loi.

paradis fiscaux et sont consignés en un clin d'œil par ce notaire électronique qu'est le clearing. L'argent soutiré à ces peuples pour qui, effectivement, il n'a jamais d'odeur, gagne les comptes offshore et s'inscrit dans les archives cryptées de dictateurs ou seigneurs de guerre. L'Occident ne ménage rien pour venir en aide aux États qui imposent ses intérêts. Il se nourrit des économies de guerre qu'il n'hésite pas à provoquer. Deux parties en présence peuvent, par exemple en Afrique, contrôler chacune une aire de ressources (pétrole, diamant, or, bois d'œuvre...), vendre ces ressources à une compagnie de transport, qui les cède à son tour à une entreprise qui les diffuse, elle, au détail, pour transformer la plus-value en capital, lequel sera confié à des sociétés d'investissement qui, via les paradis fiscaux, consentiront des prêts aux belligérants africains pour qu'ils s'arment davantage et s'enfoncent encore un peu plus dans la spirale infernale qu'ils engendrent. Une de ces parties pourra être une honnête dictature soutenue par les pays du Nord. Elle détournera sans rencontrer de résistance des prêts consentis dans le cadre de programmes de soutien internationaux. Tous feront le plein de munitions qu'affréteront à nouveau des sociétés de transport. L'État gagera une dette, comptabilisée au passif de son budget, sur des ressources naturelles anticipées qui, elles, n'y figureront jamais. Une aussi subtile gestion des Phynances publiques concourt à l'enrichissement insondable de banques d'affaires, courtiers, mercenaires, trafiquants d'armes, multinationales, parrains politiques et intermédiaires en tout genre[19]. L'Occident fait ainsi main basse sur les ressources mondiales, en commanditant cette machination. Le Sud pourra se consoler en comprenant que sa dette reste encore bien faible au regard de celle, morale, du Nord à son égard. CSL International travaille dans le domaine du transport maritime, possède des institutions financières et détient des parts dans une société pétrolière. Elle mène toutes ses affaires dans les paradis fiscaux. Son unique actionnaire de jadis a ses entrées au Fonds monétaire international (FMI). Les personnages et les situations de ce tableau étant purement exemplaires, toute ressemblance avec des personnes et situations existant ou ayant existé serait le résultat d'une pure coïncidence.

## § 11

Pour prévenir toute apparence de scandale, le clan Martin a compté sur une figure anthropologique des plus éprouvées, la personne du *sage* que joue sur la scène politique le « conseiller fédéral en éthique » Howard Wilson. Que ce censeur à faux nez ait pu servir d'intermédiaire critique entre M. Martin et son entreprise est une farce. Car le rôle de M. Wilson consiste précisément à neutraliser toute forme de commentaire sur les questions sensibles qui nous intéressent. « Quatre mois après que Paul Martin eut promis de transférer le contrôle de la Canada Steamship Lines à ses fils, ses avocats et ses comptables se demandent encore quelle est la meilleure façon de procéder[20] » ; « rien ne garantit qu'une fois la transaction complétée, tous les détails en seront rendus publics[21] ». « Les détails de cette transaction ont été fournis au conseiller en éthique, Howard Wilson, nommé, rappelons-le, par le premier ministre[22]. » M. Wilson est un observateur d'un type particulier, puisqu'il attend de ceux qu'il surveille qu'ils l'informent eux-mêmes des transgressions qu'ils commettent. Le député de l'opposition Yvan Loubier découvre-t-il le pot aux roses – des avantages fiscaux consentis aux entreprises maritimes dans un camouflage législatif – que le « conseiller » s'interpose cette fois pour consolider le faux-fuyant : « Je n'étais pas au courant, avant cela, que cette mesure figurait dans le projet de loi. [...] Si l'on m'avait informé à l'avance de l'affaire, avant le dépôt du présent projet de loi ou de son prédécesseur, le C-69, il y aurait eu des discussions sur la meilleure façon de régler la question du dépôt du projet de loi au nom du ministre des Finances qui est responsable pour toute législation ayant trait à l'impôt[23]. » La Chambre des communes a bien tenté, avant l'arrivée de M. Martin comme premier ministre, de rendre un tantinet plus crédible le statut de ce saltimbanque du pouvoir, mais – qui s'en surprendra ? – « le Sénat a ajouté un amendement-surprise hier, ce qui signifie [que le projet de loi] devra passer de nouveau devant la Chambre des communes avant de devenir une loi[24] », c'est-à-dire jamais. À moins, comme il s'y est engagé, que le nouveau venu ne crée lui-même un poste de « commissaire à l'éthique », c'est-à-dire qu'il reprenne les mêmes et recommence selon une mise en scène propre à duper les mêmes qui recommenceront à y voir un gage d'« intégrité[25] ». Le Parlement, nous dit-on, aurait enfin à charge de désigner ce commissaire, mais parions que ce sera là l'amener à apprécier à son tour les fleurs faites aux amis du régime, de façon à ce que désormais *tous soient personnellement compromis.* Le statut de croupion dévolu au seul « conseiller fédéral » deviendra celui du Parlement qui répondra tout entier des indulgences du nouveau censeur de complaisance.

# § 12

Un sage patenté sur mesure voile d'une dignité factice les termes d'accords suspects. C'est là son métier. Paul Martin en fait, parmi ses avocats et ses comptables, son agent à la fois le plus subtil et le plus gros. C'est-à-dire que ses interventions sont rares mais toujours énormes. Elles laissent coi : « Un premier ministre est généralement moins impliqué [*sic*] dans les affaires des entreprises que certains ministres[26] » ! L'autorité qui confère par décret à l'homme désigné comme sage sa sagesse lui permet de dire vraiment *n'importe quoi* : « Selon le conseiller fédéral en éthique, Howard Wilson, [la pension que Paul Martin reçoit de sa compagnie] ne peut être interprétée comme une source de conflit d'intérêts. Mais des spécialistes n'en sont pas aussi sûrs[27]. » Cela pour camoufler que « les compagnies appartenant à Paul Martin […] continuent de recevoir des contrats du gouvernement fédéral, sans que le public en soit informé » : plus de 15 millions de dollars au cours des trois dernières années selon des documents internes[28]. Cela pour couper court aux spéculations dans l'affaire canadienne du sang contaminé, dont ont été responsables les Connaught Laboratories avec le soutien de la Société canadienne de développement qui comptait Paul Martin parmi ses quatre administrateurs[29]. Cela pour entourer d'une aura « éthique » la danse qu'exécute le virtuose glissant d'un fauteuil à l'autre.

# § 13

Plus que ses énormités, ce sont les silences d'un commissaire à l'éthique qui s'avèrent redoutables. « La teneur de l'arrangement [entre M. Martin et ses fils] sera divulguée, *confidentiellement,* à Howard Wilson, le conseiller fédéral en éthique[30]. » Ce silence, indispensable au pouvoir, s'annonce, s'installe, s'impose et sévit. On sait d'autant s'en méfier qu'on en connaît les occurrences extrêmes. Le silence est un signe de malheur, et souvent de crime. C'est un instrument politique au même titre que le cliquetis des armes ou les discours des meetings. [...] Le silence a ses propres lois et ses propres exigences. Le silence demande que des camps de concentration soient construits dans des lieux déserts. Le silence nécessite un énorme appareil de police. Le silence a besoin d'une armée de délateurs. Le silence exige que les ennemis du silence disparaissent soudain, sans laisser de trace. Le silence voudrait qu'aucune voix, aucune plainte, aucune protestation, aucune revendication ne vienne perturber sa sérénité. [...] Aussi est-il difficile de lutter contre le silence. » (Ryszard Kapuściński) Aujourd'hui, le silence ne terrorise plus. Il berce les opinions publiques dans une ambiance bonhomme qui étouffe l'écho strident des nouvelles infamies perpétrées au loin. Un commissaire à l'éthique est le gardien de ce règne. Il préside effectivement à une « éthique » de la discrétion dont il donne le *la*. D'où le silence exemplaire de journalistes, de lecteurs et d'auditeurs qui prononcent et lisent mille fois les mots « paradis fiscaux » sans savoir formuler à leur égard ne serait-ce qu'une première question conséquente.

## § 14

Indépendamment de nos intérêts circonstanciels de contribuables et bénéficiaires canadiens, le cas Martin nous fait comprendre les vices de la mondialisation économique et les liaisons incestueuses qui se dessinent toujours plus étroitement entre la finance, le crime économique et les sphères politiques. Le symptôme qu'il représente tient d'un désastre éthique dont l'ampleur excède la seule question de savoir si le candidat à la résidence du Sussex Drive aurait dû vendre ou non ses actifs, les léguer à sa famille, les geler... Il concerne en outre une culture en vertu de laquelle la teneur, la portée et la cause des transactions commerciales et financières les plus importantes échappent à toute forme de contrôle, à toute réglementation et, enfin, *à la pensée même de l'économie.* Il n'y a plus de pensée économique possible lorsqu'une part trop importante des transactions échappe au domaine public et ne se traduit en aucunes données. « Les quantités d'argent qui passent par ces paradis fiscaux, qu'elles y résident ou qu'elles transitent, sont stupéfiantes : elles sont estimées aujourd'hui à environ la moitié du stock d'argent mondial, une moitié, nota bene, entourée de confidentialité, de secret et de structures opaques[31]. » Les penseurs de l'économie ne traitent plus qu'avec la part du pauvre, ce qui entrave les analyses tant quantitatives que qualitatives. Dans cette nouvelle économie, c'est à nous qu'il est demandé de faire preuve d'un *blind trust*. Les grands conviennent entre eux d'aménagements qui nous échappent et nous enjoignent à une confiance aveugle en leurs opérations hermétiques.

# § 15

C'est pratiquement sans concurrents que Paul Martin a été porté à la tête du Parti libéral du Canada (PLC) à l'automne 2003. Rarement course à la direction d'un parti politique avait-elle pu se décider aussi clairement par le silence que sait s'assurer l'argent. Tandis que le meneur refusait de s'expliquer sur les sommes qui s'accumulaient dans ses coffres – comme il évitait d'ailleurs toute question sensée[32] –, une analogie s'est insinuée entre les rentrées financières qu'il revendiquait et les voix des urnes que lui consentirait plus tard un nombre proportionnel de délégués. Comme le candidat a su récolter 12 millions de dollars, soit plus du double de la limite de dépenses autorisées[33], il coulait de source qu'il fût désigné deux fois plus rapidement à sa position[34] ! L'excès de ses comptes aura été compris, selon l'implacable dicton *Time is money*, comme un *gain de temps*. Ceux des candidats en lice qui ne se sont pas pliés à cette logique du silence ont su mesurer le délai de leur abandon par l'amoindrissement de leur part de revient. La toute dernière candidate s'est vue, elle, contrainte jusqu'à la fin à s'époumoner dans le désert : « Il est plutôt difficile d'avoir un débat d'idées avec quelqu'un qui est invisible. Le pays doit pouvoir entendre sa voix[35]. » Bien qu'on ne comptât pas moins de cinq candidats en début de course, tout a été fait pour annuler le processus même du vote[36] ou, plutôt, jamais il n'a été aussi clair dans l'histoire de ce pays que c'était au capital seul de trancher. Cette élection du chef de l'unique parti de gouvernement – du parti unique – a été l'affaire exclusive des quelques « grands donateurs » de M. Martin, des multinationales pour la plupart, parmi d'autres sources non déclarées. Ce succès est aussi à comprendre comme un contre-don offert à l'ex-ministre des Finances par la classe financière pour ses neuf années de bons et loyaux services : amputation draconienne des prestations aux chômeurs, réduction des dépenses publiques en matière sociale, amoindrissement du rôle de l'État, mesures défavorables à la création d'emplois mais favorables à la flexibilité, baisse d'impôts historique pour les 8 % les plus fortunés, privatisations et déréglementations à tout va[37]… L'élection de M. Martin se sera donc déroulée comme pour un président de conseil d'administration, non selon le principe démocratique d'une personne-une voix, mais selon le nombre d'actions que pouvaient se procurer auprès du candidat ceux qui l'ont élu.

## § 17

Jusqu'en 1981, M. Martin a tenu en tandem la barre de la CSL avec son initiateur M. Paul Desmarais. Ce dernier, grand détenteur de quotidiens canadiens, est une figure incontournable du grand capital mondial. Son empire financier Power Corporation est évalué à 140 milliards de dollars. Il était un directeur de la compagnie française TotalFina, devenue Total-FinaElf, et l'un des plus importants actionnaires[40], lorsque celle-ci s'est trouvée liée, à la fin des années 1990, à une affaire sanglante au Congo-Brazzaville. Là-bas, le transport maritime, l'exploitation pétrolière, la corruption financière, la vente d'armes et le recours à des mercenaires nécessitaient de ces montages financiers complexes que rendent possibles les paradis fiscaux. C'est grâce à ces derniers que transitent les fonds du pétrole, non comptabilisés dans les budgets d'État et remplacés par des dettes abyssales qui asservissent les populations et permettent aux dictateurs et seigneurs de guerre de régner en Afrique. Au Congo ?... On pourrait tout autant évoquer les affres du trio TotalFinaElf en Angola, au Cameroun, en Birmanie, au Gabon[41]... On ne saura guère à quelles fins sont utilisés les navires de M. Martin. Force sera d'estimer la nature de leurs cargaisons à l'aune de ses amitiés.

mondes sans lois de la finance, la navigation maritime côtoie et s'imbrique avec spéculation, corruption, trafics de guerre et en tout genre, blanchiment et criminalité, dont elle peut être à la fois objet et moyen concret de réaliser nombre de trafics douteux[44]. » C'est dans un tel contexte économique que la CSL a développé, à partir des années 1980, un ambitieux volet international qui prenait appui sur les paradis fiscaux. Quitte à scandaliser, par exemple, presque toute la société australienne, en congédiant l'équipage syndiqué de deux de ses bateaux battant soudainement non plus pavillon australien mais bahaméen, pour le remplacer par un personnel ukrainien, dont l'incompétence entraînera plus tard d'importants préjudices en matière de sécurité[45]. Le fils de M. Martin, aux commandes de la filiale CSL Australia, n'en a bien sûr rien dit à son père, en vertu du *blind trust* qui interdit aussi à ce dernier de consulter la presse australienne. La presse du Canada a pour sa part été égale à elle-même, ignorante. La concurrence condamnerait les affréteurs à ce type de manœuvre, ce que signale l'altermondialiste François Lille en même temps que le confirme le vice-président à l'exploitation de la CSL, Pierre Préfontaine, lorsqu'il justifie auprès du quotidien *La Presse* le déplacement de toutes les activités de la filiale montréalaise dans ces lieux offshore : « Si l'on tient compte de la nécessité de s'informatiser, des conventions internationales sur la sécurité des navires et d'autres contraintes, c'est devenu prohibitif pour un propriétaire de gérer douze navires avec un maximum d'efficacité[46]. » Une perle ! Les paradis fiscaux sont nécessaires parce qu'ils permettent de *ne plus* « tenir compte » « des conventions internationales sur la sécurité des navires », comme des « autres contraintes » que le vice-président préfère taire en même temps que les trafics illicites qui s'en trouvent potentiellement favorisés. Le « maximum d'efficacité » qu'il appelle de ses vœux – un trait d'esprit empreint d'humour noir dans ce contexte – requiert ainsi la levée de toute forme de « prohibition », c'est-à-dire d'agencement juridique étatique. L'activité économique du groupe Martin doit donc prendre corps dans l'ombre, à l'abri des lois fantoches que vote le député Martin.

## § 19

La CSL cédant aux impératifs de la concurrence et son titulaire accumulant passivement les millions « sans droit de regard », Paul Martin tient l'emploi du capitaliste caricaturé jadis comme simple machine à capitaliser le travail des autres. Figurant de sa propre ascension financière, statue de cire avant que d'être mort, M. Martin n'a de valeur historique et de droit historique à la vie qu'autant qu'il fonctionne comme capital personnifié. Si son entreprise dépendait effectivement de son talent, elle ne pourrait davantage se passer de sa direction qu'une troupe de théâtre de son metteur en scène. Mais il n'en est rien[47], car M. Martin n'est pas devenu un grand détenteur de capitaux parce qu'il était un grand directeur industriel, il est devenu au contraire commandant industriel parce qu'il a été détenteur de capitaux. Il n'est commandant en chef qu'autant qu'il est le capital fait homme. Il lui faut, du reste, des officiers supérieurs, des avocats et des comptables qui commandent au nom de son capital et confondent ses intérêts. Se soumettant ainsi sans droit de regard à une holding qui avoue elle-même céder platement aux lois de la concurrence, sa richesse, son art, sa compétence et autres gages usurpés ne sont que les effets du mécanisme économique dont il est un rouage.

# § 21

Dans sa seule déclaration au sujet de ce déversement, Paul Martin s'est dissimulé derrière ses hommes de main : « Je ne suis pas au courant de tous les détails. Le conseiller en éthique a été informé de cet incident[49]. » Si Paul Martin ignore tout des pratiques maritimes auxquelles il participe pourtant, il ignore donc que le déversement de tels déchets en mer est une pratique tout à fait courante, car les marins avisés savent ainsi s'épargner les 10 000 $ qu'il en coûte pour décharger comme il se doit ces produits dans les ports. Cette somme est dérisoire par rapport aux coûts globaux de l'affrètement, tout comme l'a été l'amende imposée à l'entreprise de M. Martin, en comparaison avec les millions qu'on inflige dans les mêmes circonstances aux États-Unis. Mais l'intéressé l'ignore tout autant, car la note a été expédiée à l'entreprise écossaise de sous-traitance, V. Ships UK of Glasgow, de façon à éclabousser le moins possible les cercles très honorables de la politique. En l'occurrence, cette contravention ne lui coûtera pas tellement plus que les bénéfices escomptés par ce seul affrètement. Des organisations écologistes ont pressé le gouvernement d'adopter des propositions qui tombent sous le sens, telles l'augmentation des amendes encourues, l'accentuation des formes de surveillance, notamment par satellite, et enfin l'imposition de licences, toutes mesures dont cherchent précisément à se décharger les affréteurs opérant depuis les paradis fiscaux. Mais notre homme ne comprend rien à ces arguties. Même s'il s'agit de la deuxième infraction de ce type attribuée à ce navire-là de la CSL depuis 1991[50]. Il ignore aussi que son propre ministère des Transports déplore les difficultés qu'éprouvent ses agences de surveillance à prévenir ce genre d'abus, d'autant qu'il est toujours possible pour les incriminés de jouer les ignorants. « Il s'est agi au mieux d'un cas de très grande négligence, mais potentiellement d'un acte délibéré », a déclaré le porte-parole du ministère concerné, M. Paul Doucet, après avoir fait état de son impuissance à établir quelque preuve, comme il est de coutume en ces circonstances[51]. Le directeur de la gestion des risques de la CSL, M. Michael Bedford, aura, lui, levé un coin du voile en déclarant sans complexe que l'erreur de son entreprise n'avait pas consisté en ce qu'elle déversât de tels déchets, mais en ce que les deux membres de l'équipage responsables de ce geste – boucs émissaires tout désignés – l'eussent fait cette fois sans l'autorisation de leur supérieur (« *the spill was the result of a "shortcut" taken by two crew members, who dumped oily water without consulting senior officers aboard the ship*[52] »). Car, pour qui a le sens des affaires, une affaire environnementale en est une de timing, et une menace écologique, celle des garde-côtes.

## § 22

Un tel « incident » écologique a permis de mesurer de quels sophismes étaient capables les valets de l'industriel premier-ministrable pour conserver ses bonnes grâces. Malgré les conséquences de ce dégazage, qu'il a attestées, le quotidien *The Globe and Mail* a eu recours à une formule antilogique pour tourner la situation en dérision : il a fait état, en titre et dans son amorce, d'une « contravention énorme » pour « un petit dégât » (« *a huge fine* », « *a small oil spill*[53] »). Mais qui s'étonnera, après avoir bien ri, que ce soit un ministre, et un ministre de l'Environnement, qui se soit en l'affaire prosterné le plus bas ? L'honorable David Anderson a fait preuve d'une impressionnante génuflexion en répondant à une question du député de l'opposition James Moore, qui cherchait à savoir s'il n'était pas problématique qu'en ce bas monde un ministre fût aussi le propriétaire d'une compagnie ne ménageant rien pour éviter toute forme d'imposition, et à laquelle le ministère canadien des Transports reproche son piètre dossier environnemental. M. Anderson a qualifié d'« antiparlementaire » (*unparliamentary*) et de « regrettable » (*regrettable*) la question, à laquelle il a refusé de répondre, reprenant le geste classique du tyran Créon qui savait imposer un silence brutal à toute pensée dite, là aussi, « antiparlementaire » (*dusboulia*[54]). Il a été donc affirmé ce jour-là que toute considération autour de la Canada Steamship Lines est impropre à la discussion parlementaire et que quiconque manquerait à ce conseil éthique de très haute rigueur aurait à le « regretter ».

# § 23

Un bateau de la CSL, le *Manitoulin*, a été dépecé dans un chantier turc alors que le navire, selon Greenpeace, « contenait encore manifestement des matières toxiques dont de l'amiante et des BPC[55] ». Il a été transporté en Turquie, à l'insu du gouvernement turc et donc en violation de la convention de Bâle sur l'exportation des déchets dangereux. « L'industrie du transport maritime a surtout lieu dans les pays asiatiques pour le dépeçage des navires afin de profiter de leurs normes complaisantes en matière de santé, d'environnement et de sécurité. Les plages de l'Inde, du Bangladesh, du Pakistan et de la Turquie ont été transformées en cimetières de navires. Elles sont jonchées de pièces de machinerie, de torchons imbibés d'huile, de feux à ciel ouvert et de barils percés. Le dépeçage des navires constitue l'une des activités les plus dangereuses au monde. Les travailleurs dépècent sans protection les navires à la main ; beaucoup d'entre eux en meurent[56]. » Pierre Préfontaine de la CSL a dédouané tout son monde avec une théorie à laquelle personne n'avait encore pensé : une entreprise se dégage de toute responsabilité dès lors que son navire devient la propriété du ferrailleur auquel elle le cède. Se gardant toutefois de trahir ce complice, la CSL a agi une nouvelle fois d'après une logique de fragmentation des responsabilités analogue à celle qui prévaut dans les paradis fiscaux. « Quant à Paul Martin, interrogé hier soir au Parlement, il a déclaré qu'il n'était au courant de rien et que les journalistes devraient poser leurs questions au commissaire fédéral à l'éthique[57]. » Sur sa page électronique, la Canada Steamship Lines n'aborde aucunement les questions environnementales, sinon pour vanter sa technologie capable de décharger des cargaisons « sans poussière ». « Décharger 6000 tonnes de minerai de fer à l'heure sans pollution » est de l'ordre du savoir-faire de l'entreprise une fois visible à même les ports[58]. Pour que la poussière retombe et que personne ne fasse de vagues.

## § 24

Il se peut que, se fondant sous ses habits d'homme politique, l'actionnaire unique soit en proie à des dilemmes cornéliens entre ses intérêts propres et les enjeux écologiques. « Sur les questions environnementales, Paul Martin s'est fait demander à maintes reprises si les contrats de transport de charbon de CSL compromettaient son appui au protocole de Kyoto[59]. » Comme ministre des Finances, M. Martin, a réduit de 30 % le budget du ministère de l'Environnement. Sa campagne à la direction du Parti libéral du Canada a été généreusement alimentée par la multinationale de produits surgelés McCain ; il philosophe depuis sur la vanité d'un étiquetage obligatoire des aliments contenant des organismes génétiquement modifiés (OGM)[60]. Quant à la société Irving Pulp and Paper, que le ministère canadien de l'Environnement a « surprise » 239 fois en quatre ans à émettre des déchets polluants dans des eaux de pêche, elle profitera toujours, moyennant sa contribution de 100 000 $ dans les caisses Martin, de la clémence proverbiale du régime canadien[61].

## § 25

En avril 1997, la CSL possédait encore trois filiales au Liberia[62]. C'est un exemple éloquent. Le Liberia est une zone financière affranchie au prix de rivalités qui furent proprement catastrophiques pour les civils qui s'y trouvent. On ne crée ni n'entretient de paradis fiscal innocemment. « Le potentiel mafieux de la capitale libérienne, le port franc de Monrovia, avec ses pavillons de complaisance, ses entrepôts de contrebande et ses commodités pour le blanchiment de narcodollars » sont au centre d'un conflit qui a provoqué la mort de 150 000 civils durant la décennie 1990[63]. La guerre civile a duré jusqu'en 1997, après que les milices de Charles Taylor, soutenues par les très puissants réseaux français en Afrique, eurent épuisé complètement le pays. « En 1995, 80 % des 2 600 000 Libériens avaient dû s'enfuir : 55 % à l'intérieur du pays, 25 % au dehors ; 800 000 se sont entassées à Monrovia. Certains quartiers, non approvisionnés, se transformaient de temps à autre en mouroirs[64]. » Trois fronts se sont dessinés, entre une force d'interposition issue de différents pays de l'Afrique anglophone défendant la capitale, les communautés krahns et musulmanes prenant l'ouest du pays, et les milices de Taylor occupant l'est du territoire. Plus qu'une guerre d'indépendance ou civile, il s'est agi là d'une « guerre mafieuse, dont le véritable enjeu n'est pas la domination de telle ethnie sur telle autre ou la transformation politique du pays, mais le contrôle du diamant, du fer, du bois précieux, des royalties, des pavillons de complaisance et du blanchiment de la drogue[65]. » Les vendeurs d'armes n'ont guère été en reste. Le contrôle du port franc étant la visée commune des belligérants, mais aucun n'arrivant à consolider ses positions, la guerre s'est prolongée dans une interminable guérilla aux abords de la capitale. À l'époque de la guerre civile, on comptait quelque 35 000 de ces compagnies offshore. La CSL de M. Martin a pu alors y profiter d'un voisinage d'affaires fort recommandable pendant que faisaient rage aux alentours de sanglants combats pour d'éventuelles ristournes.

# § 26

Un million trois cent mille civils libériens coincés entre ces intérêts forment dans cette histoire la plus anonyme des sociétés parce que la moins constituée juridiquement. Des forces rebelles ont finalement assiégé la capitale jusqu'en juillet 2003 afin de pousser le dictateur Charles Taylor à la retraite. Le port franc s'en est trouvé coupé du monde. La famine a gagné ces otages réduits à manger les chiens, quand ce n'étaient pas les feuilles des arbres et les derniers brins d'herbe du terrain de football[66]. Cette misère sans nom côtoie la fortune, elle aussi sans nom, d'entreprises qui ne paient aucun impôt sur l'exploitation de navires. Mais les bénéficiaires savent se mettre à l'abri des désagréments psychiques que comportent de tels « incidents historiques ». « L'utilisation du Liberia comme base juridico-fiscale ne fait pas le déplacement[67]. » On y inscrit ses affaires sans devoir se déplacer, sinon vers des agences occidentales où le Liberia se déplace en fait lui-même. « La raison du développement très sérieux du Liberia, en dépit de son éloignement, est l'existence d'une agence gouvernementale à New York et à Zurich, et d'une législation maritime extrêmement accueillante pour les bateaux[68]. » Le Liberia compte parmi les sept pôles offshore explicitement pointés du doigt en avril 2002 par la pourtant très conciliante Organisation de coopération et de développement économiques (OCDE)[69]. Le Canada, par la voix de son premier ministre, participe solidairement aux activités de l'OCDE, dont il est membre. La Canada Steamship Lines, par la voie de la holding mandatée, poursuit son chemin en sens contraire.

## § 27

« Une société libérienne peut tout faire, comme elle le veut, et dans le plus grand secret[70]. » Sauf pour les activités strictement bancaires, le port franc de Monrovia ne prévoit aucun impôt. Le premier article de la première page de l'International Trust Company of Liberia à l'usage des avocats d'affaires étrangers énonce en toute simplicité *l'instauration juridique d'un monde sans loi*. Rien n'importe : « 1 A) Les administrateurs, les membres de la direction, les actionnaires et les fondateurs de société peuvent être de *n'importe quelle nationalité* et peuvent résider *n'importe où*. B) Les assemblées d'actionnaires et les réunions d'administrateurs ou de fondateurs de société peuvent se tenir en *n'importe quel endroit* dans *n'importe quel pays* et, si on le désire, *par procuration*. C) Le siège principal de la société, où ses livres et registres sont conservés, peut être situé dans *n'importe quel pays*. D) La seule relation que la société soit tenue d'avoir avec le Liberia est *simple – seulement* le maintien de *The International Company of Liberia* en qualité d'agent statutaire[71]. » Si le Liberia donne l'impression d'être situé n'importe où et de permettre n'importe quoi à n'importe quel avocat qui peut être n'importe qui n'importe où, c'est que les effets de son monde sans loi peuvent retentir *partout*. Cette zone de non-droit stipule le droit d'une non-zone, le droit sans frontières de bénéficier d'un point aveugle de la justice et de l'éthique élémentaire. Le déplacement n'y est plus que virtuel car qui en profite y est déjà en tout lieu. « Le Liberia s'est organisé pour que le voyageur fiscal puisse l'utiliser sans se déplacer[72]. »

## § 28

C'est depuis les Bermudes qu'a été un temps piloté l'empire de la famille Martin. La fiduciaire à laquelle a été « confiée » alors la gestion de la flotte de la CSL, Acomarit Canada, y avait établi ses quartiers. Acomarit a pu y gérer les trois filiales que la CSL y comptait déjà, en plus de celles recensées au Liberia, à la Barbade, aux Bahamas, à Chypre et au Vanuatu[73]. Les Bermudes prévoient une exemption d'imposition jusqu'en 2016. Les activités d'une entreprise de transport maritime dans ces îles sont à peu près impénétrables, compte tenu qu'on peut mobiliser une dizaine de sociétés-écrans de différents paradis fiscaux pour l'affrètement d'un seul bateau commercial. Ce sont autant de détours nécessaires au maintien du secret sur la teneur et la portée des opérations[74]. Dans ces montages complexes, les Bermudes ne comptent pas pour peu. Ce paradis fiscal est sélectif quant à la « qualité » des « sociétés exemptées » qu'on y admet. Si celles-ci s'y trouvent tout de même en très grand nombre (12 000 ; 7000 créations en quelque dix ans), c'est pour s'y reconnaître comme formant le *Who's who* des grandes sociétés de l'impunité[75].

## § 30

Entre 1994 et 1997, la CSL a créé pas moins de sept filiales à la Barbade[77]. L'imposition locale n'excède jamais les 2,5 % du chiffre d'affaires en plus d'être dégressive[78]. Ce paradis fiscal a été conçu pour des Canadiens et par des Canadiens, en vertu d'un traité entre les gouvernements de la Barbade et du Canada, paraphé en 1980[79]. Celui-ci permettait spécifiquement aux entrepreneurs du Nord de rapatrier des surplus financiers au pays après les avoir fait transiter par cette zone de non-droit fiscal. Le fiscaliste et apologiste des paradis fiscaux Édouard Chambost s'en félicite, parce qu'il est « rare » qu'un pays industrialisé aille jusqu'à signer des traités de coopération avec les officiels des places offshore précisément pour faciliter les détournements fiscaux. Le Canada n'a jamais craint le zèle. Sa *Déclaration du contribuable* de février 1985 ennoblit le droit pour tous de chercher par tous les moyens à payer le moins d'impôt possible, ce qui lui a valu à nouveau les compliments lourds de sens du fiscaliste suisse[80]. Les résultats sont épatants. « La Barbade est principalement utilisée par des Canadiens dans le cadre des "Exempted Companies" qui combinent les avantages du traité sur les doubles impositions entre le Canada et la Barbade et de la législation fiscale canadienne. Il résulte apparemment de cet heureux mariage entre la neige et les palmiers qu'une "International Business Company" (IBL) sous contrôle canadien voit ses profits traités comme "Exempt Surplus" et distribuables en tant que tels au Canada, sans être soumis à l'impôt sur le revenu canadien[81]. » Les « sociétés exemptées » bénéficient d'une absence presque totale d'imposition sur les fortunes, les mutations et les gains en capital, à condition de ne pas exercer d'activité dans le pays fiscal d'accueil. Il y a deux ans encore, on y comptait près d'une cinquantaine d'institutions financières gérant des comptes à numéro[82]. L'île est aussi devenue un lieu de prédilection pour les touristes canadiens, une façon faite chair pour leurs capitaux d'y transiter. On trouvera drôle la Canada Barbados Business Association vantant les mérites des relations commerciales entre les deux pays, exactement comme si celles-ci engageaient des réalisations industrielles d'envergure internationale. Les partenaires d'affaires nommément désignés sont exclusivement des gestionnaires et propriétaires souhaitant étendre leurs activités à cette échelle « internationale » (*expand operations on an international basis*), des « start-up », et autres petits professionnels de la finance qui gravitent autour de ce grand monde[83]. Le Canada ne se contente pas de couvrir par omission cette zone de non-droit fiscal ; il en légalise les travers tambour battant.

## § 32

La vérificatrice générale compte en centaines de millions de dollars le montant d'impôts détourné en raison de la porosité du système fiscal. L'Agence canadienne des douanes et du revenu devait proposer des formes particulières de cotisation pour les entreprises concernées, mais « le personnel de la vérification internationale qui a été affecté à ce travail n'a pas reçu la formation nécessaire pour lui permettre d'achever ce projet au cours de 2002-2003[86] ». En fait, aucun moyen n'est donné à l'agence compétente pour exercer quelque forme de contrôle que ce soit sur les détours fiscaux depuis le Canada vers cette zone de non-droit. La loi prescrit bien la déclaration de participation et de montants placés dans les fiducies agissant dans les pays offshore, mais elle est un mirage là-bas. « Nous avons noté deux erreurs de plusieurs milliards de dollars dans les renseignements sur les placements canadiens à l'étranger que les fonctionnaires de l'Agence ont établis à partir d'une des bases de données des déclarations de biens étrangers. Cela nous amène à mettre en doute l'efficacité des contrôles actuellement exercés sur l'intégralité et l'exactitude de ces données[87]. » On dira, en reprenant une évocation du sociologue Pierre Bourdieu, que « la main droite de l'État » ne travaille plus indépendamment de sa « main gauche », ou contre elle, mais qu'elle œuvre à son amputation.

## § 33

L'accord Canada-Barbade est si avantageux pour les entreprises étrangères ayant une filiale au Canada *qu'il contribue à faire officieusement du Canada un paradis fiscal lui-même.* Ces filiales étrangères bénéficient des largesses de cet accord en contractant des prêts au Canada pour les faire transiter par leur société affiliée de la Barbade, afin, de là, de prêter une seconde fois le montant à une autre société liée, *de façon à cumuler les déductions d'impôts* dans plusieurs pays à la fois. « Des mécanismes de financement visant la double déduction des frais de financement encouragent les multinationales étrangères à transférer des emprunts au Canada pour se prévaloir d'une déduction *au Canada et à l'étranger.* [...] Des multinationales étrangères contractent des emprunts par l'intermédiaire de leurs filiales canadiennes en vue de financer des sociétés étrangères affiliées contrôlées (SEAC), en particulier des SEAC de la Barbade, qui prêtent ensuite l'argent à des sociétés non résidentes liées[88]. » On mesurera l'ampleur des sommes engagées dans de tels montages financiers par une seule appréciation statistique : « De 1996 à 2000, la somme des fonds que les sociétés résidant au Canada ont prêtés à des sociétés étrangères affiliées ou y ont investi est passée de 200 milliards de dollars à plus de 450 milliards de dollars[89]. »

## § 35

Le Canada accuse la société américaine de tabac RJReynolds, à la Cour fédérale d'appel de New York, d'avoir mené chez lui des activités de contrebande et d'y avoir blanchi ses recettes via les paradis fiscaux. Le manque à gagner dans les coffres gouvernementaux est évalué à un milliard de dollars US[91]. On imagine déjà la crédibilité reluisante qu'aura désormais le Canada dans ce dossier, en la personne de son représentant. D'autant que Paul Martin connaît très bien le milieu, lui qui a siégé jadis au conseil d'administration d'Imasco, la holding d'Imperial Tobacco. C'est inspiré par cette expérience qu'il a décidé, une fois installé au ministère des Finances, de contrecarrer les effets de la contrebande en diminuant tout simplement les taxes sur le tabac de manière draconienne. Pour que les 10 millions de dollars escomptés dans le Trésor public partent en la fumée d'une nouvelle génération de consommateurs.

# § 36

Les paradis fiscaux constituent le point aveugle où un argent plus inodore que jamais brouille toute forme de position ou d'opposition idéologique, éthique ou politique. Les attentats du 11 septembre 2001, qu'on a élus comme le paradigme de l'acte anti-occidental, ont été largement favorisés par la souplesse contemporaine des circuits financiers. La presse économique se trouvait déjà à confirmer cette thèse au lendemain de l'événement. Le quotidien *La Tribune* de Paris écrivait dès le 13 septembre : « Ben Laden comprend la nécessité de la puissance économique pour appuyer ses activités politiques. [Son] réseau repose sur deux piliers : d'une part le front islamique international [...] ; d'autre part une holding installée à Khartoum (Soudan) jusqu'en 1996, comprenant des sociétés de construction, des banques, des entreprises de transports et d'équipement, certaines de taille conséquente, comme une entreprise commercialisant de la gomme arabique ou un site de production chimique, ainsi qu'un investissement de 50 millions de dollars dans une banque. » Sans surprise, le journal indique que des sommes colossales, des suites de ces activités, ont glissé dans les paradis fiscaux, se diffusant et s'accroissant à l'abri de tout contrôle. Le Saudi Ben Laden Group « multiplie les créations de sociétés dans divers paradis fiscaux

(Antilles néerlandaises, Bahamas, Curaçao) », et ce, « pour masquer des transferts de fonds des structures officielles vers des entités souterraines ». Un autre quotidien économique[92] renchérit : le réseau Ben Laden aurait à voir avec une entreprise suspecte de Suisse (Taqua), qui mène elle-même des activités au Panama, sans parler du Luxembourg, de Monaco et de Chypre où on la soupçonne aussi de faire transiter des fonds. Loin de s'opposer en bloc au régime capitaliste du monde libre, les auteurs des attentats auraient cherché à tirer profit de l'acte qu'ils préméditaient en se départissant de certains titres quelque temps seulement avant le jour J. On compare cela à une forme particulière de délit d'initié, un délit d'initié terroriste. Ces manœuvres, qui concernent aussi l'Égypte et l'Algérie, si l'on en croit d'autres sources, eussent été conduites depuis une firme de courtage milanaise utilisée par le réseau Ben Laden par le passé. Il a suffi au présumé criminel, pour arriver à ses fins, de contrôler des institutions qui ont proliféré précisément dans les paradis fiscaux. On retiendra en substance que ces réseaux débordent les États en même temps qu'ils les corrompent au passage. Paul Martin porte en lui la contradiction de l'époque. Ce qui rend délicate la tâche de reconnaissance de quelque sujet politique crédible en ces temps.

## § 37

Que les paradis fiscaux constituent en grande partie les conduits de l'argent sale, des opérations mafieuses ou de la corruption politique n'empêche pas qu'ils se « démocratisent ». Pas de meilleur exemple à cet égard que cette page C3 de *La Presse* du 24 septembre 1999. Le quotidien de Paul Desmarais y relègue dans une colonne égarée de son troisième cahier l'article intitulé « La compagnie de Paul Martin confie la gestion de ses bateaux à une société des Bermudes ». Cet article, qui fait état de milliards de dollars qui fructifieront dans ces ailleurs affranchis de tout contrôle et qui nous renseigne sur les vertus que représentent pour les grands de ce monde les îles exotiques du dédouanement absolu, est curieusement flanqué d'une publicité de quatre colonnes de l'Association des comptables généraux du Canada qui invite précisément les petites et moyennes entreprises à suivre ce modèle. Signe de ce que les paradis fiscaux sont partout et infiltrent les structures nationales qu'ils déstabilisent, l'Association présente en photo 23 comptables de toutes les régions canadiennes, du Yukon à Terre-Neuve en passant par l'Ontario et le Québec, pour enfin clore la série avec deux représentants de... la Barbade et des Bermudes. L'article sur Paul Martin fournit ainsi l'illustration du mode d'emploi pour recourir aux atouts de ces deux paradis fiscaux, tacitement présentés dans la publicité comme des provinces canadiennes. Cette simple page exposait ce jour-là la gravité des largesses organisationnelles qui sont les nôtres et dont on continue en lieux médiatiques à refouler la teneur, en parlant avec simplisme de « déficit budgétaire », de « dette d'État » et de « manque à gagner dans les finances publiques », exactement comme si ce dérèglement de tous nos sens économiques était le fait d'une malédiction aveugle dont les plus pauvres feraient par hasard seuls les frais.

# § 38

La triple position de Paul Martin est suspecte du point de vue de ce que le juriste Jean de Maillard nomme « le marché de la loi ». Actionnaire unique multimillionnaire, exilé fiscal, député et le plus important membre du gouvernement, il est stratégiquement en mesure de déterminer à qui sera imposée la loi et à qui sa suspension sera vendue. « Ce que j'appelle le marché de la loi, c'est cette capacité offerte par la dérégulation économique et financière de miser sur les trafics de ce qui reste interdit par les États-nations, sans que ceux-ci n'aient encore les moyens d'imposer leurs prohibitions[93]. » Notre premier ministre veille à confirmer cette impuissance nationale. On en est à concevoir la loi à la manière du marché de la drogue, en ce que prolifèrent en certains endroits du globe des milieux qui profitent de ce qu'il y a encore des zones d'interdiction. En mesure de faire appliquer la loi dans une certaine partie du monde, M. Martin peut par ailleurs travailler à l'élaboration des lieux *négatifs* qui resteront l'apanage lucratifissime de quelques-uns. Imposer des lois élémentaires dans une certaine partie du globe fait monter les enchères dans les autres régions où tout est permis. C'est ainsi qu'apparaît l'application inégale des « droits de l'homme » comme un « marché » des plus prometteurs[94]. « La faute de la mondialisation est de ne pas être la mondialisation. Elle est d'avoir délibérément coupé le monde en deux et d'avoir livré l'une de ses parties à l'exploitation éhontée de l'autre[95]. »

## § 39

Lorsque, à la Chambre des communes, le 24 mars 1999, soucieux de ce que diront les manchettes, Paul Martin appuie le principe d'une taxation des transactions spéculatives sur les marchés financiers – celles qui dopent les bourses et ébranlent les structures économiques – tout en convenant cependant avec la presse écrite de l'impossibilité d'un tel projet, comme il le déclarera tout bonnement plus tard à son homologue français, il ne signifie pas que des conditions économiques objectives rendraient problématique l'application d'une telle mesure juridique et fiscale, mais qu'elle n'aura pas lieu parce qu'il est lui-même de ceux qui rendent la loi impossible au-delà des asservis. La théâtralisation de ses fausses intentions n'a d'égal que le caractère fictif de la loi pour qui la détermine depuis sa position hors la loi. M. Martin confirme ainsi que sa parole, lorsqu'elle est celle du député, est de loin la plus vaine et la plus démunie.

# § 42

Les montants ainsi détournés représentent six fois ce qu'il en coûterait annuellement pour parachever un système mondial d'éducation primaire et trois fois un régime universel d'assurance-maladie. Aussi bien dire qu'on ne sait plus penser ce que l'argent représente. Ce n'est pas tant cet argent qui est détourné dans ces pays offshore – où 1,2 milliard d'individus n'ont pas accès aux soins de santé, où 125 millions d'enfants n'ont pas accès à l'éducation et où une personne sur cinq vit sous le seuil de la pauvreté – que les leviers d'existence de ceux que la colonisation financière réduit à rien[99]. Loin d'être ce « document juridique » que voyait en lui l'artiste Joseph Beuys[100], l'argent devient une autorisation à user de la violence. La pire erreur serait de croire qu'on s'y intéresse pour lui-même, car l'argent n'est qu'un écran. On s'intéresse à ce dont il est le passeport respectable, celui d'un égoïsme hypertrophié, de fantasmes exacerbés, de faits de cruauté innommables. La société de l'argent est elle-même une société-écran. « Si la transparence s'est à ce point souciée que l'argent ne soit plus suspect, ce n'est pas pour que ceux qui mettent en cause le pouvoir de l'argent mettent en cause l'argent lui-même ; mais pour que l'argent passe pour propre au point que ceux qui le détiennent le soient par le coup. La transparence n'a pas eu d'autres effets : *de blanchir l'argent.* Autrement dit, la transparence est une opération maffieuse[101]. » Le règne de l'argent a atteint un point tel de consolidation qu'il a su faire en sorte qu'on ne parle que de lui, et en bien quand ce n'était plus en mal.

# § 43

Sous un titre évocateur, « Paul Martin se démultiplie[102] », on a annoncé qu'en plus de toutes les fonctions qui sont les siennes M. Martin coprésiderait avec l'ex-président du Mexique, Ernesto Zedillo, une commission de l'ONU « sur l'implication du secteur privé dans les pays en développement ». Le secrétaire général Kofi Annan a « rappelé » que seul l'investissement occidental pouvait sortir les pays pauvres de l'impasse. C'est à M. Martin qu'a été confiée la mise en œuvre de ce sophisme en vue d'une spoliation encore plus complète du Sud par le Nord. Fort de ses positions sur tous les tableaux – politique, industriel et financier –, il lui revient de « trouver les moyens de faciliter le développement des PME dans les pays pauvres[103] ». Les entreprises seront encore une fois les seules en voie de développement. Elles poursuivront leur travail de sape sous des dehors moraux exactement là où elles n'en finissent plus de provoquer une pauvreté proportionnelle à leurs dividendes. Bien que la commission fût présentée par le Secrétaire général de l'ONU comme étant « de haut niveau », tout s'est passé comme si M. Martin, égal à lui-même, rougissait de modestie en acceptant ces nouvelles fonctions. Le « travail préparatoire » effectué par d'autres aurait rendu inutile son déplacement. Radio-Canada mentionnait qu'« il n'aura pas

à voyager, sauf à quelques reprises à New York »,
comme si elle dispensait là une information pertinente. Plus pertinente pourtant se veut l'idée fort
peu onusienne que notre sujet préconise, celle de
pactes économiques « multilatéraux » entre pays pris
isolément qui marginaliserait encore davantage s'il
se peut l'instance internationale. Triompherait plus
librement que jamais la loi du plus fort. Il s'agirait
de recourir au G20 et, dans le mauvais français
de M. Martin, d'« identifier et d'utiliser des arrange-
ments nouveaux à l'extérieur des Nations unies[104] ».
Pour que s'effacent, à sa propre image, toutes les
instances démocratiques sur lesquelles il déteint.

# § 44

On comprendra que notre héros a de la suite dans les idées. La journée même de sa nomination au sein de cette commission de l'ONU, il faisait état de ses intentions soudaines de réformer les modalités de soutien de l'aide canadienne au développement. « Alors qu'il acceptait hier à New York la coprésidence d'une commission de l'ONU qui se penchera sur l'importance du secteur privé dans le développement, Paul Martin promettait déjà que s'il devient premier ministre du Canada, son gouvernement fera le grand ménage dans les activités de l'Agence canadienne pour le développement international [ACDI] », ce qu'exulta de rapporter le quotidien de droite *La Presse*[105]. Parlant en vrai entrepreneur sous ses habits de premier-ministrable, jouant et se jouant de toutes les logiques et de toutes les confusions, et jugeant de tout en termes de concurrence, de surcroît en se référant implicitement à des pays aux dossiers éthiques exécrables, Paul Martin a soutenu que les frais d'administration de l'ACDI seraient « plus élevés que [ceux de] l'ensemble des agences de développement des autres pays industrialisés ». Aucun organe de presse n'a offert de démonstration comparative et budgétaire pour relayer cette énormité qu'on a présentée toujours comme une « information ». Adoptant des airs ubuesques et digressant l'air de rien, il a défendu plus avant cette réforme certes pour transformer l'ACDI en un business, mais aussi pour désigner en autocrate les pays qui s'attireraient désormais l'aide canadienne, comme ceux qui démériteraient : « M. Martin croit notamment que trop de pays bénéficient de l'aide de l'ACDI. [...] Quels pays devraient apparaître sur la liste des bénéficiaires de l'agence ? Paul Martin, s'il affirme avoir "ses idées" sur la question, refuse d'énumérer ses favoris et ajoute qu'il confiera à une commission parlementaire le soin de choisir les pays à privilégier[106]. » Quand on connaît le panache proverbial des députés fédéraux, on s'imagine sans peine quelles « difficultés » s'imposeront à M. Martin lorsqu'il voudra complètement s'ingérer dans le processus... En matière diplomatique, le Parlement occupé par le Parti libéral sera un conseiller éthique bis à la solde des « idées » du seul maître à bord. Tout cela ternira davantage la crédibilité déjà entamée de l'Agence canadienne de développement international, elle qui a annoncé au début de cette décennie, non sans cynisme, son intention de privilégier les pays se pliant aux modalités écrasantes des fameux « plans d'ajustement structurel » du Fonds monétaire international (FMI) et de la Banque mondiale[107].

# § 45

Paul Martin a le sens des affaires jusqu'en ce qui regarde les affaires étrangères. Sa culture diplomatique s'arrête aux entreprises canadiennes, siennes ou autres, qu'il faudra coûte que coûte épauler dans le monde, quitte à soutenir des dictatures sanguinaires, quitte à légitimer des croisades génocidaires. Talisman Energy de Calgary et Lundin Oil œuvrent-elles dans un Soudan à feu et à sang en raison des affres d'un régime cruellement répressif, et à ce titre dénoncé par l'ONU[108], que le Canada doute soudainement de ces informations, pourtant mille fois attestées, et, n'y voyant que des « allégations », réclame la contre-expertise de ses propres agents. « Le Canada a été sévèrement critiqué pour avoir refusé d'imposer des sanctions au Soudan. Le gouvernement a donc mandaté une délégation spéciale pour vérifier ces allégations [à propos du régime soudanais]. Il demeure dans l'attente des conclusions du rapport avant de juger si ces sanctions sont vraiment requises[109]. » Ailleurs : le 5 septembre 2002, au Congo-Kinshasa, un sous-groupe lendu de la province de l'Ituri, les Ngiti, a mené un assaut à fort caractère génocidaire contre les Hema. Ces auteurs de crimes contre l'humanité ont fait effraction dans un hôpital de Nyankunde, tué tous les malades – hommes, femmes et enfants confondus – avant d'emporter les biens et de détruire les lieux. Des scènes de torture ont été rapportées par Human Rights Watch, qui estime à 1200 le nombre de victimes seulement pour cette journée du 5 septembre 2002. Selon cette ONG, 100 000 réfugiés ont fui Nyankunde, la ville assiégée, vers Oicha, dans des conditions épouvantables. On rapporte des scènes de cannibalisme. « Au moment où les cadavres s'accumulaient à Nyankunde, personne ne sonna l'alarme à l'échelle internationale[110] » ; seul un membre de Human Rights Watch y est resté pour le déplorer. Ladite communauté, dont fait partie le Canada, s'est tue parce qu'il en allait des intérêts de la compagnie pétrolière canadienne Heritage Oil, pour laquelle les forces génocidaires lendu, associées au pouvoir du président Joseph Kabila, tentent de faire place nette dans la région.

# § 46

Ces scènes de massacre ne pouvaient pas ne pas rappeler, par leur gravité et leurs méthodes, le génocide rwandais de 1994. Mais Paul Martin n'a réagi aux événements congolais que sept mois plus tard, seulement au moment où, cette fois, les Lendu, alliés du pouvoir congolais comme de l'entreprise canadienne, ont subi une contre-attaque. Alors le premier-ministrable s'est mis aux grands concepts – ceux de génocide et d'intervention humanitaire –, en suggérant que le Canada prît le commandement d'une force d'interposition internationale. La France se proposait au même moment de voler elle aussi au secours de la région. Les deux pays ont des intérêts économiques considérables dans ce coin du globe. En ce qui concerne le Canada, il y est représenté non seulement par Heritage Oil, mais aussi par diverses entreprises minières qui parfois travaillent main dans la main[111]. Il est dès lors devenu très difficile de croire en la sincérité du futur premier ministre, lorsqu'il a reproché au gouvernement canadien de 1994, dont il faisait pourtant partie, son impassibilité face au génocide rwandais d'alors. « Je crois que ç'a été une chose terrible lorsque le monde a assisté immobile (*stood back and watched*) aux massacres qui sont survenus au Rwanda... Aujourd'hui au Congo, nous agissons comme alors pour le Rwanda[112]. » « Terrible », Paul Martin le restait pourtant le 5 septembre 2002, en comptant parmi ceux qui ont couvert par leur silence les forces congolaises qui tuaient des civils par centaines. Et « terrible » reste à jamais celui pour qui le génocide de 1994 se réduit à l'argument clinquant de son marketing politique.

# § 47

Instrumentalisant l'affaire en même temps que le souvenir de la tragédie rwandaise d'il y a dix ans, Paul Martin a saisi l'occasion pour justifier une hausse des crédits militaires canadiens. Les alliés du président Kabila ne parvenant pas à faire place nette, force serait pour le gouvernement canadien, sous prétexte usurpé d'intervention humanitaire[113], de couvrir non plus seulement politiquement, mais désormais militairement, les génocidaires qui vident le terrain. Utilisant des expressions de maréchal, M. Martin en a appelé à une « position plus offensive du Canada sur le terrain des affaires étrangères et de la défense ». « Je crois que parfois nous devons prendre le commandement. » Il s'est empressé d'associer sa position d'apparence philanthropique à la nécessité prétendue de remplacer la flotte vieillissante d'hélicoptères de son armée. « Il n'y a aucun doute que nous avons besoin d'hélicoptères maintenant, et passer commande aussi vite que possible [sic]. » Les affaires pétrolières sont intrinsèquement liées aux stratégies militaires, à l'intervention de mercenaires et à la propagande médiatique consistant à dissimuler les entreprises de spoliation de l'Occident sous la forme de conflits ethniques qui lui seraient étrangers. Il tombe dès lors sous le sens que M. Martin cherche maintenant à « passer à l'offensive », à « prendre le commandement », donc à « passer commande » auprès de fournisseurs d'armes. Ainsi s'inscrivent, sous le signe douteux de prétentions pacifistes, les aventures de Martin au Congo.

# § 48

Paul Martin a toujours étroitement associé ce qu'il appelle « mon nationalisme » à la destinée mondiale d'entreprises canadiennes, soutenues parfois par lui au prix de l'opprobre. « Mon nationalisme dit que nous pouvons concurrencer n'importe qui dans le monde, à condition d'avoir les coudées franches[114]. » Il se les donne. Et le « nationalisme » ainsi chanté d'entourer d'une lénifiante légitimité de brutales infamies. Le cas de Heritage Oil le rappelle. La compagnie canadienne, sise à Calgary et cotée à la Bourse de Toronto, s'est portée acquéreur le 2 juin 2002, auprès du président Kabila, d'un champ d'exploitation pétrolière dans l'est de la République démocratique du Congo (RDC), à la frontière de l'Ouganda et non loin d'un Rwanda qui peine à se remettre du génocide. L'entente entre l'entreprise canadienne et la RDC a été annoncée alors que le président Kabila n'arrivait pas encore à imposer son autorité dans cette région en proie à la guerre depuis 1998. L'espace concédé mord de surcroît sur le territoire ougandais, ce qui ne simplifie rien. Le chantier qu'ouvre la compagnie promet d'engranger des actifs de l'ordre de 30 milliards de dollars US et ne manque donc pas d'exacerber les hostilités entre le Rwanda, l'Ouganda, la République démocratique du Congo et des factions rebelles à l'intérieur de la RDC. Les alliés potentiels du projet pétrolier canadien se disputent de généreux émoluments qui, comme à l'ordinaire, transiteraient par divers paradis fiscaux et ne seraient en rien comptabilisés dans leur budget d'État. Ils escomptent aussi un renforcement géostratégique de leur pays, l'Est africain se trouvant à dépendre essentiellement du Kenya pour son approvisionnement en pétrole. C'est pourquoi Ngiti et Lendu ont perpétré quelques semaines après la signature de l'entente canado-congolaise des agressions à tendance génocidaire à Nyankunde. « L'horreur de Nyankunde n'était en rien un faux pas dû au hasard. Il a été planifié. Il constitue un coup d'échec stratégique[115]. » Le Rassemblement congolais pour la démocratie (RCD-ML lendu) a le soutien de Kabila dans l'Est contrôlé par les rebelles. Après avoir perdu, au début du mois d'août, le contrôle des villes de Bunia et de Nyankunde aux mains de l'Union des patriotes congolais (UPC hema), il a conclu un pacte avec des seigneurs de guerre ngiti, opposés aux Hema, malgré le plan de paix qui engageait Kabila dans la région. « Les Ngiti prêtent main-forte au RCD-ML proche de Kabila, contre l'UPC hema, avec pour récompense de pouvoir assassiner les Hema de Nyankunde[116]. » Les miliciens ngiti se sont donc entraînés dans la capitale Beni où se trouvent les camps des forces du président Kabila, en vue du massacre du 5 septembre des civils de Nyankunde[117].

## § 49

Affaires pétrolières et militaires tiennent en Afrique d'une seule et même chose, et c'est compétente à ce double titre que se présente Heritage Oil. Au chapitre de ses « stratégies et objectifs », l'entreprise vante bien naturellement, dans son rapport annuel de 2001 précédant son entente avec la RDC, ses capacités d'investissement dans différents sites pétroliers africains « *world-class* » (avec à l'appui une photographie d'un point d'exploitation à l'effigie de la multinationale française TotalFinaElf, dont la réputation sur le continent n'est effectivement plus à faire...). Pudique, elle se dit rompue à la « gestion de risques techniques et politiques » (*management of technical and political risk*) et à « l'entretien de bonnes relations avec partenaires et gouvernements ». Le directeur de Heritage Oil, Michael Wood, que *Die Tageszeitung* cite dans son édition du 3 mars 2003, nargue les concurrents qui n'ont pas osé s'aventurer dans les eaux troubles des Grands Lacs, en revendiquant « un sens du risque différent des autres entreprises pétrolières » (*ein anderes Risikoprofil als andere Ölfirmen*). Ces euphémismes dissimulent à peine ce qui se dessine : une guerre du pétrole. Un haut diplomate de l'ONU confirme sous le couvert d'anonymat que « Heritage Oil va attiser ces rivalités[118] ». Autour de la figure très controversée de Tony Buckingham,

« les sociétés Executive Outcomes, Sandline, Life-Guard, DiamondWorks, Heritage Oil & Gas et Branch Energy forment une véritable multinationale, un puissant conglomérat mercenaro-minier[119]. » L'aire d'exploitation cédée à Heritage Oil, qui chevauche les régions limitrophes on ne peut plus tendues de la RDC et de l'Ouganda, s'étend sur 30 000 kilomètres carrés. Le gisement est évalué à un milliard de barils ! « Ainsi l'entente pétrolière conclut à une collaboration entre le Congo et l'Ouganda, ces deux États cherchant à endiguer l'influence du Rwanda dans la région » et augure un rapport à trois très sensible, selon l'analyse de Dominic Johnson[120]. Le conflit autour des enjeux pétroliers risque, une fois de plus, de se cristalliser sous les dehors d'un « conflit ethnique », le Rwanda prétextant une lutte contre les milices hutu basées en Ouganda, l'Ouganda répliquant au nom de son intégrité territoriale (et du devoir de protection de son entreprise hôte). Sans parler de l'Est congolais déjà sens dessus dessous. Pour ajouter à l'imbroglio, la société de surveillance responsable du bon fonctionnement du forage appartient en partie à Salim Saleh, frère du président ougandais[121]. Le conflit pour ces terres annonce des catastrophes pour la population civile, déjà prise en otage sur le théâtre des opérations. Les remarques de certains acteurs stratégiques donnent froid dans le dos, quand on déclare par exemple que le taux de population est sensiblement trop élevé là où l'on suppose les gisements... Le commissaire de l'Union des patriotes congolais (UPC), Jean-Baptiste Dhetchuvi, avance que les lieux de différents massacres de civils attribués aux troupes progouvernementales correspondent aux

## § 50

La presse a tellement étalé l'anecdotique conflit de personnalités entre Paul Martin, alors ministre puis ex-ministre des Finances, et le premier ministre de l'époque, Jean Chrétien, qu'on en a oublié leurs connivences profondes. Ces hommes servent les mêmes intérêts, ceux que le premier ministre a logiquement défendus lorsqu'il s'est lui aussi spontanément souvenu du génocide rwandais, au terme d'un sommet de 14 chefs d'État dits de « centre-gauche », ce qu'a rapporté la presse un 14 juillet (2003)! En cette fête nationale de l'État occidental qui a agi comme complice de ce génocide – ce que l'on n'a guère cru opportun de rappeler ; « *it wouldn't do" to mention that particular fact*» – une proposition canadienne, accueillie à l'unanimité parmi les plus grands centristes du monde, prévoyait la création d'une coalition de pays enclins à réfléchir sur les conditions d'interventions militaires éventuelles dans des régions frappées de conflits à tendance génocidaire. Le but de l'opération médiatique consistait, au nom d'une politique préventive, à faire croire une fois de plus que les conflits dits « ethniques » sont le propre de régions où l'Occident ne compte pour rien. Le numéro un canadien y est allé cependant d'une déclaration extraordinairement éloquente : « Nous devons mettre en place un processus d'intervention qui nous permettra d'agir sans qu'on nous accuse de le faire pour notre intérêt personnel[124]. » Tout a été si nettement affirmé en cette petite phrase qu'on ne saurait même plus y déceler un mensonge : nous agissons pour notre intérêt personnel et nous devons mettre en place un dispositif d'intervention qui nous permettra de le faire sans qu'on nous en accuse. Il suffisait de remettre dans l'ordre les propositions de la phrase canadienne pour en avoir la clé, ce dont aucun journaliste n'a eu l'initiative. On s'en est tenu, au pays comme à l'étranger, au cliché de l'innocence canadienne qui convenait à l'ensemble du cercle compromis.

## § 51

L'image entretenue de ce Canada vierge, ce Canada si intimement méconnu à l'étranger, permet de couvrir d'un voile d'innocence les projets postcoloniaux des milieux auxquels il appartient. Ceuxlà ne manquent pas en retour de faire la part belle à ses intérêts sur le continent noir. « Les sociétés canadiennes se sont montrées particulièrement intéressées par la richesse minière et les avantages économiques de l'Afrique. Entre 1992 et 1996, le nombre de concessions minières détenues par des intérêts canadiens en Afrique a augmenté à un taux composé annuel moyen de 75 %. À la fin de l'année 1996, on comptait plus de 170 sociétés minières canadiennes en Afrique qui détenaient une participation dans plus de 440 concessions minières situées dans 27 pays. [...] Au moins 15 sociétés minières ayant leur siège social au Canada planifiaient des programmes d'exploration minière en Afrique évalués chacun à un million de dollars ou plus[125]. » Cinquante ans de kitsch diplomatique officiel – les premiers ministres, à la manière d'un Pearson ou d'un Trudeau, chantant tous la paix plus fort les uns que les autres pour se rendre audibles au-delà des contradictions – se sont poursuivis en la figure de M. Chrétien, « ami de l'Afrique », et de M. Martin. Le Canada continua ainsi d'abuser les parterres encore séduits par la version nordique de ces images d'Épinal, lorsque, en 2002, à Kananaskis, dans cette ville albertaine aussi soustraite à toute forme de manifestation possible qu'un paradis fiscal, il a présidé avec son habituelle philanthropie de service à l'élaboration du Nouveau Partenariat pour le développement de l'Afrique (NEPAD), un vrai *plan social* pour l'Afrique imposé par les puissances occidentales. « L'enthousiasme des pays du G8 est suspect, surtout quand ils emploient un double standard obligeant les pays à s'ouvrir alors qu'eux ne se privent pas d'ériger des barrières protectionnistes. Au risque de renforcer la marginalisation du continent[126]. » Le Canada a prétendu agir en fonction des seuls « intérêts africains[127] » en cherchant essentiellement à « créer un bon climat d'investissement en Afrique[128] », d'où son enthousiasme.

# § 53

Les idéalistes du dogme juridique auront souhaité jusqu'au bout que le droit subsume, sous les effets de ses représentations, ces actes violents auxquels il devait sa fondation[130]. En regard du cas Paul Martin, ces principes sont velléités de juristes. L'acte violent de l'ordre qu'il promeut ne lui est en rien antérieur mais *constitutif*. Il en vit. Il ne s'agit plus pour l'État qu'il dirige de domestiquer, sous une forme définie de représentations, les interdictions fondamentales de toute culture, c'est-à-dire l'inceste, le meurtre, le viol, l'avilissement…, mais de créer – en marge des institutions légales et des États de droit – des théâtres d'opérations absolument immodérées qui, dans leur déchaînement, ne fondent rien et ne président plus à rien. Les « accidents » et « incidents historiques » qualifiés en termes exceptionnels sont les conditions mêmes d'un ordre qui se fonde en creux sur des formes novatrices de guerre civile[131]. Les cadavres de Nyankunde, corps de femmes violées, d'enfants enrôlés et d'hommes massacrés – afin que nous continuions chaque semaine à faire démocratiquement le plein d'essence –, nous le rappelleront parmi la pléthore d'exemples aujourd'hui déclarés. La « démocratie » aurait-elle déjà été cet ordre fragile et perfectible, qu'elle s'impose désormais comme un art du dédouanement permanent dissimulé par de grands concepts évidés. « Les États qui piétinent les droits de l'homme sont de telles excroissances ou dépendances de ceux qui s'en réclament qu'on dirait deux fonctions complémentaires[132]. »

## § 54

Ce nouvel « état d'exception » consiste à *excepter* l'État des questions brûlantes du temps. Lorsque les représentants de l'État sont précisément ses adversaires objectifs, celui-ci ne sait plus imposer ses prétendues compétences et n'a en rien l'envergure requise pour forcer la reconnaissance de ses prérogatives là où la gravité des situations historiques le réclame. L'État persiste, mais comme le subalterne armé ou la tutelle de bienfaisance d'un commandement qui lui échappe et d'une logique qu'il ne comprend plus. Des plages d'amnésie s'ouvrent à ceux qui ne voient plus qu'en la violence une façon d'imprimer leur marque dans le monde. Le concept d'exception ne fonde plus la règle, mais la règle contraint désormais à l'exception. C'est pourquoi l'État ne fait plus le poids quand les Paul Martin de ce temps confondent leurs intérêts offshore avec ceux du terrorisme et autres mafias. On ne trouvera pour s'en réjouir que le premier venu qu'abuse la démagogie du « zéro impôt ». Leur point de vue est le même, historiquement aveugle.

## § 55

Établi politiquement, le pervers ne tient pas outre mesure à cacher son jeu, ce pourquoi il devient si difficile pour les journalistes d'y croire vraiment. C'est même avec un sens de l'humour particulier qu'il entoure d'une banale évidence les scandales flagrants qu'il accumule. Son plaisir consiste à éprouver au vu et au su de tous une transgression permanente de la loi. Être à la fois le gardien de la loi et l'auteur de ses détournements, c'est précisément jouir de ce que la loi n'est plus dépendante d'une violente scène originaire mais de soi. « Le pervers n'ignore pas la loi : non seulement il ne s'autorise pas de l'ignorer, mais, en la reconnaissant comme forme de son savoir, il en désigne proprement l'essence[133]. » La loi, c'est lui.

## § 57

Se questionner sur ce qui crève les yeux n'exige aucune expertise, rire des sophismes n'appelle aucun préalable. Mais, par contraste, la glu du consensus donnera à qui s'y essaie des allures excessives. Il devra résister à l'intimidation comme aux tentations de l'ignorance afin de recouvrer un peu de dignité pour l'époque. *Ne pas savoir* est devenu un produit, qui se paie d'autant plus cher qu'il investit de légitimité, voire de respectabilité, son consommateur. Boubakar Boris Diop conclut, en prenant la mesure de toutes les compromissions du temps, que « le journalisme consiste en l'art de mentir tout en respectant scrupuleusement les faits ». « Il exige une habileté diabolique », au sens du malin génie qui invalide le moindre de nos enchaînements logique[134]. Les médias travaillent à ce que nous ne comprenions rien. Faisons les liens nous-mêmes.

# § 58

Arrêter Paul Martin ne se résume donc pas à imposer à celui qui prête, un temps, son nom au capital
la débâcle électorale qu'il mérite. Cela engage à
faire agir hors de la loi les ressorts qui feront dé-
railler les tenants des zones de non-droit, c'est-
à-dire les tenants de la violence permanente comme
loi. Nous avons commencé. Arrêter les Paul Martin
entretenant ces rouages ne pourra tenir d'une pro-
cédure juridique tant que ne sera pas créé une sorte
de Tribunal international de la dette extérieure, que
les ONG les plus sérieuses appellent diversement
de leurs vœux[135]. Il faudra d'ici là rendre habitable
la situation d'exception, se montrer créatifs hors la
loi – c'est-à-dire politiques – pour arrêter ceux qui,
dans l'alégalité, se donnent salons, empires, mercenaires, notaires, médias et droits, nécessaires au
maintien de leurs activités économiques. Car la violence en cause n'est en rien narrative.

# § 60

Donc, maintenant : voter pour la face souriante de la violence sous prétexte de principes mesquins colportés par une presse qui hisse l'ignorance au rang du devoir – ou arrêter.

ALAIN DENEAULT
*Berlin, le 12 décembre 2003.*

# Notes

1. « Paul Martin cède ses intérêts dans CSL, mais les critiques persistent », Presse Canadienne, 27 août 2003. Pour un tableau exhaustif des actifs de la famille Martin, cf. *Le Québécois*, novembre-décembre 2003, <209.104.82.226/archivage/organigramme.pdf>.

2. « Paul Martin cède ses intérêts dans CSL, mais les critiques persistent », *loc. cit.*

3. « Paul Martin au cœur de la controverse », *Le Devoir,* 18 février 2003 ; « Paul Martin a discuté à plusieurs reprises de ses affaires avec le fiduciaire », *Le Devoir,* 2 mars 2003, et « Martin suivait son entreprise de près », *La Presse,* 14 septembre 2003. Ces trois articles reproduisent des dépêches de la Presse Canadienne.

4. « Caisse de retraite de Voyageur Colonial, Une compagnie propriété de Paul Martin aurait fait pression sur le fédéral », dépêche de la Presse Canadienne reproduite dans *Le Devoir* du 25 août 2003.

5. Brian MYLES, « Martin essuie un feu nourri », *Le Devoir,* 19 février 1998.

6. *Ibid.*

7. « Paul Martin au cœur de la controverse », *loc. cit.*

8. Titi SOENTORO de Bioforum et Stephanie FRIED de Environmental DefenseFundIntroduction, *Case Study : Export Credit Agency Finance in Indonesia,* <www.eca-watch.org/problems/indonesia/rtb_indonesia.html>.

9. « Dark Heart of the American Dream », *The Observer,* 16 juin 2002, et Miloud CHENNOUFI, *Chronique d'une guerre dénoncée : Pétrole, l'enjeu inavoué,* <cmaq.net/fr/node.php?id=19685>.

10. Dominique LORENTZ, *Affaires atomiques*, Paris, Les arènes, 2001, et François-Xavier VERSCHAVE, *Noir Chirac*, Paris, Les arènes, 2002.

11. Éric JOSZEF, *Main basse sur l'Italie, La résistible ascension de Silvio Berlusconi*, Paris, Grasset, 2001.

12. Transparency International, *Combattre la corruption, Enjeux et perspectives*, Paris, Karthala, 2002.

13. Organisation de coopération et de développement économiques (OCDE), *Sur les pratiques fiscales dommageables, Rapport d'étape*, Paris, 13 novembre 2001.

14. Jean de MAILLARD, *Le marché fait sa loi, De l'usage du crime par la mondialisation*, Paris, Fondation du 2 mars et Éditions Mille et une nuits, 2001.

15. Nous nous référons à Édouard CHAMBOST, *Guide des paradis fiscaux, Face à 1992*, Paris, Sand, 1990, ainsi qu'à la septième et dernière édition : *Guide Chambost des paradis fiscaux, Les meilleures adresses à l'aube du XXI<sup>e</sup> siècle*, Paris, Favre, 1999.

16. François GOBBE, « Paradis fiscaux et pays en développement », *GRESEA Échos*, n° 36, novembre-décembre 2002.

17. Bernard DESCÔTEAUX, « Le cas Martin », *Le Devoir*, 27 février 2003.

18. Ernest BACKES et Denis ROBERT, *Révélation$*, Paris, Les arènes, 2001, p. 14.

19. Cf. les « Dossiers noirs » n<sup>os</sup> 13, 16 et 17 des associations Agir ici et Survie : *Le silence de la forêt. Réseaux, mafias et filière bois au Cameroun*, Paris, L'Harmattan, 2000 ; François-Xavier VERSCHAVE, *L'envers de la dette. Criminalité politique et économique au Congo-Brazza et en Angola*, Marseille, Agone, 2001 ; Arnaud LABROUSSE et François-Xavier VERSCHAVE, *Les pillards de la forêt. Exploitations criminelles en Afrique*, Marseille, Agone, 2002 ; Conférence de Wolf-Christian Paes de l'Internationales Konversionzentrum à la Friedrich Ebert Stiftung.

20. Presse Canadienne, 21 juillet 2003.

21. *Ibid.*

22. « Paul Martin dit avoir transféré ses intérêts de CSL à ses trois fils », Presse Canadienne, 27 août 2003.

23. *Déclaration préliminaire, Howard R. Wilson, conseiller en éthique, devant le Comité permanent des finances*, 17 février 1998, <strategis.ic.gc.ca/SSGF/oe01201f.html>.

24. « Paul Martin disposera de l'héritage de Chrétien », dépêche de la Presse Canadienne reproduite dans *Le Devoir* du 8 novembre 2003.

25. Bernard DESCÔTEAUX, « Les rendez-vous de Paul Martin », *Le Devoir*, 15 novembre 2003.

26. « Le conseiller en éthique rassure Paul Martin », *Le Devoir*, 29 juillet 2003.

27. « Paul Martin cède ses intérêts dans CSL, mais les critiques persistent », *loc. cit.*

28. « [La Canadian Shipbuilding and Engineering (CS & E)] a récolté la plupart des contrats par le biais d'appels d'offre "limités", c'est-à-dire ouverts à un nombre restreint d'entreprises. », in « Les compagnies de Paul Martin reçoivent toujours d'importants contrats d'Ottawa », dépêche de la Presse Canadienne publiée dans *Le Devoir* du 22 octobre 2003.

29. Murray DOBBIN, *Paul Martin : CEO for Canada ?*, Toronto, James Lorimer & Co, 2003, p. 26-31 ; en français, *Paul Martin, un PDG à la barre*, Montréal, Écosociété, 2003.

30. Presse Canadienne, 21 juillet 2003. Nous soulignons.

31. François GOBBE, *loc. cit.* Nous nous sommes permis de corriger une faute de syntaxe.

32. « M. Martin a refusé de répondre à une série de questions touchant à des thèmes de première importance tels que l'agriculture, le transport et le terrorisme », in « Paul Martin a reconnu qu'il s'attendait à devenir premier ministre », Presse Canadienne, 26 juillet 2003.

33. « Paul Martin a recueilli 11,9 millions », *Le Devoir*, 11 novembre 2003, où il est confirmé que « le compte final devrait atteindre 12 millions ». La limite imposée était de quatre millions de dollars sans considérer les frais de déplacement.

34. « Paul Martin a reconnu qu'il s'attendait à devenir premier ministre », *loc. cit.*

35. « Martin évite les débats, accuse Copps », dépêche de la Presse Canadienne, reproduite dans *La Presse* du 16 août 2003.

36. « Sheila Copps invitée à se retirer », Société Radio-Canada, 24 septembre 2003.

37. Murray DOBBIN, *op. cit.*

38. Manon CORNELLIER, « Mission accomplie pour la garde prétorienne de Paul Martin », *Le Devoir*, 15 novembre 2003.

39. *Le Québécois, op. cit.*, <209.104.82.226/archivage/liste_des_donateurs.pdf>.

40. « Influential Desmarais family has ties to Sudan », *National Post*, 26 novembre 1999.

41. François-Xavier VERSCHAVE, « Elf sous l'écran Total », *Noir silence, Qui arrêtera la Françafrique ?*, Paris, Les arènes, 2000.

42. François LILLE, *Pourquoi l'Erika a coulé, Les paradis de complaisance*, Paris, L'Esprit frappeur, 2000, p. 43.

43. Cf. <www.drapeauavendre.ca>.

44. François LILLE, *op. cit.*, p. 46.

45. Murray DOBBIN, *op. cit.*, p. 17-19.

46. André NOËL, « La compagnie de Paul Martin confie la gestion de ses bateaux à une société des Bermudes », *La Presse*, 24 septembre 1999.

47. Sur l'ascension de celui qui a été vice-président du conseil d'administration de Power Corporation à l'âge de 31 ans, voir Robert CHODOS, Rae MURPHY et Eric HAMOVITCH, *Paul Martin : A Political Biography*, Toronto, James Lorimer & Co., 1998, p. 36-37.

48. Cf. <www.freedominion.ca/phpBB2/viewtopic.php?t=7922& view=next>.

49. Joël-Denis BELLAVANCE, « Martin sermonne sa propre entreprise », *La Presse*, 26 novembre 2002.

50. « Company fined $125,000 for dumping 92 litres of oil », *Alberni Valley Times*, 26 novembre 2002.

51. Kevin COX, « Shipping line gets huge fine for spilling oil off N.S. coast », *The Globe and Mail*, 26 novembre 2002.

52. Bill SPURR, « Firm fined $125,000 for spill off Halifax », *The Halifax Herald*, 26 novembre 2002.

53. Kevin COX, *loc. cit.*

54. SOPHOCLE, *Antigone*.

55. Communiqué du 25 novembre 2003 de l'organisation écologique non gouvernementale Greenpeace, cf. <action.web.ca/ home/gpc/alerts-fr.shtml?sh_itm=355fb44cc93e75e013a94026 17491bd4> ou plus simplement : <www.greenpeace.ca/>. (Nous nous sommes permis de retoucher la traduction à partir du communiqué en langue anglaise.)

56. *Ibid.*

57. Louis-Gilles FRANCŒUR, « Greenpeace accuse CSL d'avoir envoyé à la casse un navire recelant des produits toxiques sans respecter les règles du jeu », *Le Devoir*, 26 novembre 2003.

58. Cf. <www.csl.ca/french/suia-6.html>.

59. « Paul Martin évitera facilement les conflits d'intérêts, dit Howard Wilson », Presse Canadienne, 28 juillet 2003.

60. « Le Bloc presse Paul Martin d'appuyer l'étiquetage obligatoire des OGM », Presse Canadienne, 10 août 2003.

61. *Le Québécois*, *op. cit.*, <209.104.82.226/archivage/liste_des_ donateurs.pdf>.

62. CSL Asia Investments Inc. Liberia, Innovatorco Shipping Inc. Liberian, CSL International Inc. Liberian. Cf. Joël-Denis BELLAVANCE, « Plusieurs filiales de l'empire de Paul Martin créées dans les paradis fiscaux », *Le Soleil*, 24 avril 1997.

63. François-Xavier VERSCHAVE, *La Françafrique*, Paris, Stock, 1998, p. 202 et suivantes.

64. *Ibid.*

65. Jean-François BAYART, « La guerre, mode d'expression politique », *Croissance*, janvier 1994, cité *ibid.*, p. 207-208.

66. Dominic JOHNSON, « Hunger und Tod in Liberia », *Die Tageszeitung*, 31 juillet 2003.

67. Édouard CHAMBOST, *Guide des paradis fiscaux, Face à 1992, op. cit.*, p. 183.

68. *Ibid.*

69. Friedrich Ebert Stiftung, *Money Laundering and Tax Havens : The Hidden Billions for Development*, dossier d'une conférence tenue à New York les 8 et 9 juillet 2002, p. 14.

70. Édouard CHAMBOST, *Guide des paradis fiscaux, Face à 1992, op. cit.*, p. 189.

71. Cité *ibid.*, p. 185. Nous soulignons.

72. *Ibid*, p. 184.

73. Cf. Joël-Denis BELLAVANCE, « Plusieurs filiales de l'empire de Paul Martin créées dans les paradis fiscaux », *loc. cit.*, et, plus récemment, la page électronique du Nouveau Parti démocratique consacrée aux avoirs de Paul Martin, <www.drapeau avendre.ca>.

74. François LILLE, *op. cit.*

75. Sven GIEGOLD, *Steueroasen : Trockenlegen !, Die verborgenen Billionen für Entwicklung und soziale Gerechtigkeit heranziehen*, coll. « AttacBasis Texte » n° 4, Hambourg, VSA-Verlag, 2003, p. 29 ; Édouard CHAMBOST, *Guide des paradis fiscaux, Face à 1992, op. cit.*, p. 237 et suivantes.

76. *Leading Ship Manager to Relocate its Corporate Headquaters to the Isle of Man*, communiqué de presse d'Acomarit, 5 septembre 2000.

77. CSL International Inc., Atlasco Shipping Inc., Paiton Shipping Inc., CSL Asia Investments Inc., Hull 2227 Shipping Inc., Hull 2229 Shipping Inc. et CSL Cabo Shipping Inc. *Le Soleil*, 24 avril 1997.

78. *Ibid.*

79. *Accord entre le Canada et la Barbade tendant à éviter les doubles impositions et à prévenir l'évasion fiscale en matière d'impôts sur le revenu et la fortune*, conclu à Bridgetown, sous cet intitulé spécieux, entre les gouvernements du Canada et de la Barbade, le 22 janvier 1980.

80. « Introduction », *Guide Chambost des paradis fiscaux, op. cit.*

81. *Guide des paradis fiscaux, Face à 1992, op. cit.*, p. 291, confirmé dans la dernière édition, *op. cit.*, p. 558. Nous nous sommes permis de corriger les fautes de ponctuation.

82. Grégoire DUHAMEL, *Les paradis fiscaux*, Paris, Grancher, 2001, p. 260.

83. Cf. <barbados.org/business/cbba/> ; en particulier, la rubrique « Who should attend ».

84. « Paul Martin évitera facilement les conflits d'intérêts, dit Howard Wilson », *loc. cit.*

85. *Rapport de la vérificatrice générale du Canada*, 2001, chap. 7, § 7.7.

86. *Rapport de la vérificatrice générale du Canada*, 2002, chap. 4, § 4.28.

87. *Ibid*, § 4.39.

88. *Ibid*, chap. 11, ainsi que *Faits saillants en fiscalité canadienne*, L'Association canadienne d'études fiscales, vol. 11, n° 1, janvier 2003, p. 4.

89. *Rapport de la vérificatrice générale du Canada*, 2002, chap. 4, § 4.9.

90. Joël-Denis BELLAVANCE, « Plusieurs filiales de l'empire de Paul Martin créées dans les paradis fiscaux », *loc. cit.*

91. Friedrich Ebert Stiftung, *op. cit.*, p. 17.

92. *Les Échos*, 18 septembre 2001.

93. Jean de MAILLARD, *op. cit.*, p. 74.

94. *Ibid*, p. 79.

95. *Ibid*, p. 69.

96. Jean de MAILLARD, in *Jeune Afrique / L'Intelligent*, n° 2172, 26 août 2000.

97. Jean de MAILLARD, *Le marché fait sa loi, De l'usage du crime par la mondialisation, op. cit.*, p. 21.

98. Oxfam, *Tax Havens : Releasing the Hidden Billions for Poverty Eradication*, Londres, 2002.

99. Collectif, *Kapital auf der Flucht, Offshore-Zentren und Steueroasen*, Blue 21, Berliner Landesarbeitsgemeinschaft, Umwelt und Entwicklung e. V., octobre 2001 ; Oxfam, *op. cit.*

100. Joseph BEUYS, *Was ist Geld ? Eine Podiumsdiskussion*, Wangen, FIU-Verlag, 1991 ; *Qu'est-ce que l'argent ? Un débat*, Paris, L'Arche, 1994.

101. Michel SURYA, *De l'argent, la ruine du politique*, Paris, Payot et Rivages, 2000, p. 74.

102. Société Radio-Canada, 26 juillet 2003 ; le titre a été corrigé après quelques heures sur le site Internet de la Société Radio-Canada, à la suite d'on ne sait quelles considérations.

103. *Ibid.*

104. Jean BÉRIAULT, « La future politique étrangère de Paul Martin, Le défi du multilatéralisme amélioré », *Le Devoir*, 13 novembre 2003.

105. Laura-Julie PERREAULT, « Paul Martin promet un grand ménage à l'ACDI », *La Presse*, 26 juillet 2003.

106. *Ibid.*

107. Cf. le rapport de l'ACDI intitulé *Les nouvelles approches du programme canadien d'aide internationale*, juin 2001.

108. Voir sur le site de l'Organisation des Nations unies : <www. unhchr.ch/Huridocda/Huridoca.nsf/2848af408d01ec0ac125660 9004e770b/8fdaa5e25a2e3a398025675200344ecb?OpenDocument>.

109. « Influential Desmarais family has ties to Sudan », *National Post*, 26 novembre 1999.

110. Cf. le compte rendu de Dominic JOHNSON, « Das vergessene Massaker », *Die Tageszeitung*, 24 mai 2003. Un massacre similaire, des miliciens lendu faisant entre 300 et 966 victimes, a eu cours le 3 avril 2003, selon les *Billets d'Afrique* de l'association française Survie, mai 2003, p. 13.

111. « Le Canada doit prendre des positions plus fermes, selon Paul Martin », <www.src.ca>, mis à jour le vendredi 16 mai 2003. Lire également « Canada unable to help Congo, Martin says », dans l'édition du 17 mai 2003 du quotidien torontois *National Post*. Quant à l'engagement du Canada au Congo dans le secteur des mines, cf. Bonnie CAMPBELL, *Les intérêts miniers canadiens et les droits de la personne en Afrique dans le cadre de la mondialisation,* Département de science politique, Université du Québec à Montréal, 1999 : <www.ichrdd.ca/francais/commdoc/publications/mondialisation/afriqueMondial.html>.

112. *National Post*, 17 mai 2003.

113. Sur l'art de ces formes de récupération, Noam CHOMSKY, *The New Military Humanism, Lessons from Kosovo*, Londres, Pluto Press, 1999 ; en français, *Le nouvel humanisme militaire, Leçons du Kosovo,* traduction d'Isabelle Richet avec la collaboration de Gilbert Achcar, Montréal, Écosociété, 2000.

114. *La Presse*, 16 février 1989.

115. Dominic JOHNSON, *loc. cit.*

116. *Ibid.*

117. Nous nous permettons de renvoyer à Alain DENEAULT, *Paul Martin utilise le souvenir du génocide rwandais au profit de l'entreprise canadienne Heritage Oil*, Centre des médias alternatifs du Québec, 26 mai 2003, repris in <ch.indymedia.org/media/2003/06/10911.pdf>.

118. Dominic JOHNSON, « Fata Morgana bei den Mondbergen », *Die Tageszeitung*, 3 mars 2003 et <www.pole-institute.org>.

119. François-Xavier VERSCHAVE, *Noir silence, Qui arrêtera la Françafrique ?*, *op. cit.*, p. 90. L'entreprise de sécurité Executive Outcomes n'existe plus depuis son engagement très contesté dans la crise angolaise.

120. *Die Tageszeitung*, 31 juillet 2002.

121. Dominic JOHNSON, « Im Osten Kongos droht ein Krieg um Öl », *Die Tageszeitung*, 31 juillet 2002.

122. *Die Tageszeitung*, 3 mars 2003.

123. Rapport de Jeremy Smith d'Amnesty International, lors de la journée d'étude sur les enfants soldats en RDC, *Verlorene Kindheit, Kindersoldaten in der Demokratischen Republik Kongo*, organisée le 23 octobre 2003 à Berlin par Amnesty International et la Friedrich Ebert Stiftung.

124. Presse Canadienne, 14 juillet 2003.

125. Bonnie CAMPBELL, *op. cit.*

126. Sams Dine SY, *Nouveau Partenariat pour le développement de l'Afrique : Examen critique*, RADI, p. 19, <www.radi-afrique. org/nepad/docs/com_fr_theme1_3.doc>.

127. Déclaration du représentant du premier ministre sur cette question, Robert Fowler, in *Le Devoir*, 23 novembre 2001.

128. Déclaration de Jean Chrétien, *Le Devoir*, 7 avril 2002.

129. Cf. Carl SCHMITT, *Politishe Theologie, Vier Kapitel zur Lehre von der Souveränität,* Berlin, Duncker und Humblot, tome I, 1985 ; en français, traduction de Jean-Louis Schlegel, *Théologie politique*, Paris, Gallimard, 1988.

130. Pierre LEGENDRE, *Leçon VII, Le désir politique de Dieu. Étude sur les montages de l'État et du Droit*, Paris, Fayard, 1988.

131. Éric HAZAN, *Chronique de la guerre civile*, Paris, La Fabrique, 2003.

132. Gilles DELEUZE, « Sur la philosophie », *Pourparlers*, Paris, Minuit, 1990.

133. Pierre FÉDIDA, *Le concept et la violence*, Paris, UGE, coll. « 10/18 », 1977, p. 27.

134. *Nous ne sommes plus morts*, documentaire ; réalisation : François Woukoache ; production : PBC Pictures (Belgique), 2000.

135. François-Xavier VERSCHAVE, *L'envers de la dette, op. cit.*, p. 185-186.

CET OUVRAGE
COMPOSÉ EN GARAMOND 12 POINTS SUR 14
A ÉTÉ ACHEVÉ D'IMPRIMER
LE VINGT-SIX FÉVRIER DEUX MILLE QUATRE
SUR LES PRESSES DE TRANSCONTINENTAL
POUR LE COMPTE DE
VLB ÉDITEUR.

IMPRIMÉ AU QUÉBEC (CANADA)